Wie gut Käse auf dem Butterbrot schmeckt, müssen wir Niemanden mehr erzählen. Doch Käse ist mehr als Brotbelag. Welche Möglichkeiten in ihm stecken, zeigt dieses Buch mit pfiffigen Koch- und Backrezepten vom leckeren Süppchen über schnell gezauberte Snacks bis zur herzhaften Pizza. Und um Ihnen einen Überblick über die verwirrend große Käse-Palette zu geben, haben wir die wichtigsten Sorten in Bild und Wort erklärt.

Die Rezepte sind – wenn nicht anders angegeben –
für 4 Personen berechnet.
Umschlagfoto: Roquefort-Soufflé (Rezept S. 20)

Die Rezepte in diesem Buch sind mit aller Sorgfalt zusammengestellt
und überprüft worden; dennoch kann eine Garantie nicht übernommen werden.
Eine Haftung des Verlages und seiner Beauftragten
für Personen-, Sach- und Vermögensschäden ist ausgeschlossen.

Verlagsunion Erich Pabel – Arthur Moewig KG, Rastatt

Umschlagentwurf und -gestaltung:
Werbeagentur Zeuner, Ettlingen
Umschlagfoto: Ceres Verlag / Thomas Diercks, Hamburg
Fotos im Innenteil: Ceres Verlag / Thomas Diercks, Hamburg
Printed in Germany 1995
Druck und Bindung:
Graphischer Großbetrieb Pößneck GmbH
ISBN 3-8118-4230-7

DR. OETKER
KÜCHENBIBLIOTHEK

KÄSE

MOEWIG

Hüttenkäse oder Cottage Cheese. Ursprung: USA. Körniger Frischkäse. Angenehm säuerlicher Geschmack. Für herzhafte Dips und auch süße Zubereitungen.

Mozzarella
Frischkäse aus Italien. Laibe in Bällchenform. Werden in Molke angeboten. Zart-frischer Geschmack. Zum Überbacken, als Vorspeise.

Pfefferkäse
Schmelzkäse aus Frankreich. Kleine, runde Laibe in schwarzer Pfefferhülle. Dadurch mildscharf. Für Suppen, Saucen und Füllungen.

Tortenbrie
Französischer Weichkäse
Große Laibe in Tortenform mit weißem eßbaren Belag. Sehr sahniger Geschmack. Für Salate, Füllungen und Dips.

Provolone
Hartkäse aus Italien. Typisch: seine Birnenform. Jung ist er mild-pikant. Gereift würzig, härter. Zum Überbacken und als Dessertkäse.

Parmesan
Hartkäse aus Italien. Große, runde Laibe. Verschiedene Reifegrade. Würzig-pikant. Gerieben für Pasta und zum Überbacken.

Bavaria Blue
Edelpilzkäse aus Bayern. Mit blauen Adern durchzogen. Kleine, runde Laibe. Cremig-pikanter Geschmack. Für Suppen, Saucen, Dips und Soufflés.

Gorgonzola
Blaugeäderter Edelpilzkäse aus Italien in Zylinderform. Geschmack: pikant-voll, cremig. Für Saucen, Füllungen, Soufflés.

Leerdamer
Holländischer Schnittkäse mit unregelmäßig großen Löchern und pikant-vollem Geschmack. Große, runde Laibe. Für Salate und Aufläufe.

Gouda
Schnittkäse aus Holland. Große, runde Laibe. Geschmack nach Reife von mild über herzhaft bis vollwürzig. Für Salate, zum Überbacken.

Emmentaler
Schweizer Schnittkäse mit großen Löchern. Sehr große Laibe. Geschmack: pikant-nußig. Für Salate, Saucen und zum Überbacken.

Cheddar
Fester Schnittkäse. Ursprung: England. Meist kleine, runde Laibe. Mild bis sehr würzig. Für Saucen, Aufläufe und Toasts.

Kümmelkäse
Schnittkäse mit Kümmel. Aus Skandinavien, Holland, Deutschland. Je nach Sorte mild-pikant oder herzhaft. Für Salate und Snacks.

Münsterkäse
Französischer Weichkäse. Kleine, runde Laibe mit oft leicht feuchter gelblicher Rinde. Sehr pikant. Als Imbiß zum Wein.

Bonbel
Weicher Schnittkäse aus Frankreich. Kleine, flache Laibe mit gelblicher Rinde. Milder Geschmack. Für Toasts, Aufläufe und Salate.

Harzer
Deutscher Sauermilch-Käse. Fettarm. Kleine Laibe, rund oder länglich. Geschmack nach Reife pikant bis scharf. Für Snacks und Salate.

Vielfältig zubereitet: Suppen & Vorspeisen mit Käse

Roquefort-Rahmsuppe mit Krebsschwänzen *(Foto S. 10/11)*

1 Schalotte	abziehen, halbieren
1 Dillzweig	
2 Petersilienzweige	
	die Kräuter abspülen, mit der Schalotte,
1 Lorbeerblatt	
einigen Pfefferkörnern	
100 ml (1/10 l) trockenem Weißwein	in
500 ml (1/2 l) Wasser	geben, zum Kochen bringen
3 Krebse	mit dem Kopf zuerst hineingeben, zum Kochen bringen, in 5–8 Minuten (je nach Größe der Krebse) gar kochen lassen die Krebse herausnehmen, die Krebsschwänze aus den Schalen lösen, beiseite stellen den Sud noch etwas einkochen lassen, durch ein Sieb geben, 250 ml (1/4 l) abmessen
150 g Feldsalat	verlesen, gründlich waschen
1 kleine Zwiebel	abziehen, fein würfeln
50 g Butter	zerlassen, die Zwiebelwürfel darin andünsten, den Feldsalat (einige Blättchen zum Garnieren zurücklassen) hinzufügen, etwa 5 Minuten mitdünsten lassen
250 ml (1/4 l) Krebsbrühe	
125 ml (1/8 l) Schlagsahne	hinzugießen, zum Kochen bringen, etwas abkühlen lassen, dann pürieren
50 g Roquefort	zerbröckeln, in die Suppe geben die Suppe wieder zum Kochen bringen, mit
Salz	
weißem Pfeffer	
geriebener Muskatnuß	abschmecken, die Krebsschwänze hineingeben, evtl. kurz erhitzen, die Suppe mit den Feldsalatblättchen garniert servieren.

Limburger Käse-Suppe

60 g durchwachsenen Speck	in feine Würfel schneiden, auslassen
3 mittelgroße Zwiebeln	abziehen, fein würfeln, in dem Speckfett andünsten, mit
250 ml (1/4 l) Apfelwein	ablöschen
250 ml (1/4 l) Fleischbrühe	hinzugießen, zum Kochen bringen
200 g Limburger Käse	in Würfel schneiden, hinzufügen, unter Rühren auflösen, die Suppe mit
Salz, Pfeffer geriebener Muskatnuß gehacktem Kümmel	würzen
1 Bund Petersilie	abspülen, trockentupfen, fein hacken, mit
125 ml (1/8 l) Schlagsahne	unter die Suppe rühren.

Bäuerliche Käse-Suppe

300 g Spinat	verlesen, die Stiele abschneiden, die Blätter gründlich waschen, in Streifen schneiden
250 ml (1/4 l) Fleischbrühe	mit
250 ml (1/4 l) Milch	zum Kochen bringen
200 g geräucherten Schmelzkäse	unter ständigem Rühren darin schmelzen den Spinat hinzufügen, kurz miterhitzen
1 Bund Kerbel	abspülen, trockentupfen, fein hacken, mit
4 Eßl. Crème fraîche	unterrühren, die Suppe mit
Salz Pfeffer geriebener Muskatnuß	abschmecken.
Tip:	Mit Knoblauchcroutons servieren.

Holländische Muschel-Suppe

1 1/2 kg Mies-muscheln	in reichlich kaltes Wasser geben, einige Stunden darin liegen lassen, das Wasser ab und zu erneuern, die Muscheln anschließend gründlich bürsten, Bartbüschel entfernen, so lange spülen, bis das Wasser vollkommen klar bleibt Muscheln, die sich beim Wässern und anschließendem Bürsten öffnen, sind ungenießbar, nur geschlossene Muscheln verwenden
2 mittelgroße Zwiebeln	abziehen, fein würfeln
1 Bund Suppengrün	putzen, waschen, in kleine Würfel schneiden
500 ml (1/2 l) Wasser	mit
250 ml (1/4 l) trockenem Weißwein	zum Kochen bringen, Zwiebel- und Gemüsewürfel hineingeben, mit
Salz frisch gemahlenem weißen Pfeffer	würzen, etwa 3 Minuten kochen lassen, die Muscheln hineingeben, zum Kochen bringen, im geschlossenen Topf etwa 10 Minuten kochen, bis sich die Schalen öffnen (Muscheln, die sich nach dem Garen nicht öffnen, sind ungenießbar) ein Sieb mit einem Küchentuch auslegen, den Muschelsud durchgießen, auffangen, das Muschelfleisch aus den Schalen lösen, beiseite stellen
1 Bund glatte Petersilie	abspülen, trockentupfen, fein hacken, mit
125 ml (1/8 l) Schlagsahne	unter den Muschelsud rühren
200 g alten Gouda	in feine Würfel schneiden, mit dem Muschelfleisch in die Suppe geben die Suppe kurz erhitzen (nicht kochen), mit Salz, frisch gemahlenem weißen Pfeffer abschmecken, sofort servieren.
Tip:	Frisch gebackenes Baguette dazu reichen.

Kartoffel-Lauch-Suppe

(2-3 Portionen)

350 g mehligkochende Kartoffeln	schälen, waschen, in kleine Würfel schneiden
1 Stange Porree	putzen, waschen, kleinschneiden
80 g Butter	zerlassen, beide Zutaten darin andünsten
250 ml (1/4 l) Fleischbrühe	hinzugießen, zum Kochen bringen, in 10–15 Minuten gar kochen, pürieren, durch ein Sieb streichen
100 g Bavaria Blue	entrinden, zerdrücken, mit
4 Eßl. Crème fraîche	in die Kartoffel-Lauch-Suppe geben, unter Rühren 2–3 Minuten schwach kochen, mit
Salz frisch gemahlenem weißen Pfeffer geriebener Muskatnuß	abschmecken, mit
feingeschnittenem Schnittlauch	bestreut servieren.
Tip:	Geröstetes Weißbrot dazureichen.

Gurken-Suppe mit Pfefferkäse *(Foto)*

1 mittelgroße Salatgurke (etwa 600 g)	schälen, halbieren, entkernen, in Stücke schneiden
1 Bund Dill	abspülen, trockentupfen, grob zerkleinern
1 Knoblauchzehe	abziehen, vierteln
120 g Pfefferkäse	in Stücke schneiden die vier Zutaten mit
125 ml (1/8 l) Schlagsahne	pürieren, mit
Salz	abschmecken, die Suppe mit
Dillblättchen	garniert servieren.
Tip:	Warmes Baguette oder Roggenbrötchen und Butter dazureichen.

Gefüllte Kokosnuß

	Für die Sauce Mornay
65 g Butter	zerlassen
75 g Weizenmehl	unter Rühren darin hellgelb dünsten
250 ml (1/4 l) Fleischbrühe	
500 ml (1/2 l) Milch	hinzugießen, mit einem Schneebesen glattrühren, zum Kochen bringen
1 Zwiebel	abziehen, mit
1 Lorbeerblatt	
2 Nelken	spicken, in die Sauce geben, 15–20 Minuten kochen, durch ein Sieb gießen
100 g geriebenen Emmentaler Käse	unterrühren
2 Eigelb	mit
4 Eßl. Schlagsahne	verrühren, Sauce damit abziehen, warmhalten
	für die gefüllten Kokosnüsse
2 Kokosnüsse	quer durchsägen, die Milch abgießen
80 g Fenchelknolle	putzen, waschen
80 g Möhren	putzen, schrappen, waschen beide Zutaten in feine Streifen schneiden
50 g Butter	zerlassen, das Gemüse darin 3 Minuten dünsten
1 Zweig Estragon	abspülen, mit
16 ausgelösten Krebsschwänzen	
200 g ausgelösten Shrimps	zu dem Gemüse geben, andünsten
200 ml (1/5 l) trockenen Wermut	hinzugießen, etwa 3 Minuten weiterdünsten Gemüse, Krebsschwänze und Shrimps in den Kokosnußhälften anrichten den Sud etwas einkochen lassen, mit der Sauce Mornay verrühren, über die gefüllten Kokosnüsse geben
80 g Leerdamer Käse	reiben, darüber streuen, die Kokosnußhälften in eine Auflaufform setzen, auf dem Rost in den vorgeheizten Backofen schieben
Strom:	Etwa 250
Gas:	Etwa 6
Überbackzeit:	Etwa 5 Minuten.

Käse-Soufflé

250 ml ($^{1}/_{4}$ l)	
Altbier	mit
75 g Butter	zum Kochen bringen
100 g gesiebte Speisestärke	
75 g frisch geriebenen Parmesan-Käse	unter schnellem Rühren in die Flüssigkeit geben, abkühlen lassen
6 Eigelb	unter die Masse schlagen, mit
Paprika edelsüß	abschmecken
6 Eiweiß	steif schlagen, unterziehen die Masse in eine gefettete Auflaufform geben, auf dem Rost in den vorgeheizten Backofen schieben
Strom:	Etwa 200
Gas:	Etwa 4
Backzeit:	Etwa 25 Minuten.

Roquefort-Soufflé *(Foto)*

$1^{1}/_{10}$ l Milch	mit
110 g Butter	
Salz	
Pfeffer	
geriebener Muskatnuß	zum Kochen bringen
140 g gesiebtes Weizenmehl	unter Rühren hinzugeben, so lange rühren, bis sich die Masse vom Topfboden löst
4 Eier	
4 Eigelb	unter die Masse schlagen
140 g Roquefort	durch ein Sieb drücken, gut unterrühren
4 Eiweiß	steif schlagen, unterziehen die Masse in kleine Auflaufförmchen füllen, auf dem Rost in den vorgeheizten Backofen schieben
Strom:	Etwa 225
Gas:	Etwa 5
Backzeit:	Etwa 20 Minuten.

Griechische Schafskäse-Pastete

	Für den Teig
350 g Weizenmehl	in eine Schüssel sieben, mit
150 g Weizen-Vollkornmehl	mischen, in die Mitte eine Vertiefung eindrücken
30 g Frisch-Hefe	hineinbröckeln
200 ml (1/5 l) lauwarmes Wasser	darübergeben, die Hefe darin auflösen, mit etwas Mehl bedecken diesen Teig etwa 10 Minuten an einem warmen Ort gehen lassen
1 Ei *3 Eßl. Olivenöl* *1 Teel. Salz*	hinzufügen und alles zu einem festen, geschmeidigen Teig verkneten, an einem warmen Ort etwa 30 Minuten gehen lassen
	für die Füllung
1 kg Spinat	verlesen, dicke Stiele abschneiden, die Blätter waschen, abtropfen lassen, grob hacken
2 Zwiebeln	abziehen, fein würfeln
1 Knoblauchzehe	abziehen, zerdrücken
5 Eßl. Olivenöl	erhitzen, die Zwiebelwürfel darin andünsten, den Spinat und den Knoblauch hinzufügen, kurz mitdünsten, mit
Pfeffer *geriebener Muskatnuß*	würzen
2 Bund Dill	abspülen, trockentupfen, fein hacken
300 g Schafskäse	zerbröckeln beide Zutaten mit dem Spinat vermengen 2/3 des Hefeteiges auf einer bemehlten Arbeitsfläche zu einer runden Platte ausrollen eine flache gefettete Pie-Form (Durchmesser 26 cm) damit auslegen, den Rand etwa 1 cm überstehen lassen den Boden mehrmals mit einer Gabel einstechen, die Spinat-Käse-Masse gleichmäßig darauf geben, den Rand über die Füllung legen, mit etwas

verschlagenem Eigelb bestreichen

den restlichen Teig dünn ausrollen, einen Deckel in Größe der Pie-Form ausschneiden, auf die Pastete legen, die Ränder gut andrücken

in die Mitte des Deckels mit einem runden Ausstechförmchen (Durchmesser 2 cm) ein Loch ausstechen, den Rand mit einem dünnen Teigröllchen verstärken

aus den Teigresten Blätter formen, die Pastetenoberfläche mit Eigelb bestreichen, mit den Blättern verzieren, ebenfalls bestreichen

die Pastete 15–20 Minuten ruhen lassen

die Form auf dem Rost in den vorgeheizten Backofen schieben, goldbraun backen

Strom: Etwa 200 *Gas:* Etwa 4

Backzeit: Etwa 40 Minuten

die Pastete lauwarm servieren.

Schweizer Käse-Kuchen

375 ml (3/8 l) Milch	mit
60 g Butter	zum Kochen bringen, vom Herd nehmen
170 g Weizenmehl	sieben, in die Flüssigkeit geben, zu einer glatten Masse rühren, noch etwa 1 Minute erhitzen, danach etwas abkühlen lassen
5 Eigelb	
150 g geriebenen Schweizer Käse	
150 g geriebenen Parmesan-Käse	unterrühren
5 Eiweiß	steif schlagen, unter die Masse rühren
250 g tiefgekühlten Blätterteig	auftauen lassen, die einzelnen Teigplatten nebeneinander legen und in der Größe einer Pie-Form (Durchmesser 26 cm) ausrollen die Pie-Form mit kaltem Wasser ausspülen, den Teig hineinlegen, die Ränder hochdrücken, die Käse-Masse hinzugeben, glattstreichen die Form auf dem Rost in den vorgeheizten Backofen schieben
Strom:	Etwa 175, *Gas:* Etwa 3
Backzeit:	Etwa 45 Minuten.

Piroggen mit Kräuterquark-Füllung *(Foto)*

	Für den Teig
300 g Weizenmehl	mit
1/2 Teel. Backpulver	mischen, in eine Schüssel sieben, in die Mitte eine Vertiefung eindrücken
1 Ei, Salz	
125 ml (1/8 l) Schlagsahne	hineingeben, mit einem Teil des Mehls zu einem dicken Brei verarbeiten
80 g kalte Butter	in Stückchen darauf geben, mit Mehl bedecken, von der Mitte aus alle Zutaten schnell zu einem glatten Teig verkneten, in Pergament-

	papier wickeln, etwa 45 Minuten ruhen lassen
	für die Füllung
250 g Speisequark	gut abtropfen lassen, mit
1 Eßl. saurer Sahne	
1 Ei	
3 Eßl. gehackten Kräutern	verrühren, mit Salz abschmecken
	den Teig 2–3 mm dick ausrollen, mit einer runden Form (Durchmesser 10 cm) Plättchen ausstechen, die Teigoberfläche mit etwas
verschlagenem Ei	bestreichen, etwas Quarkfüllung daraufgeben, die Plättchen zu Halbkreisen zusammenklappen, die Ränder fest andrücken, die Oberfläche mit etwas Ei bestreichen, nach Belieben mit den Teigresten verzieren, die Piroggen auf ein gefettetes Backblech setzen, in den vorgeheizten Backofen schieben
Strom:	Etwa 200, *Gas:* Etwa 4
Backzeit:	Etwa 25 Minuten.

Mit Käse veredelt: Gemüse, Pasta & Saucen

Rigatoni in Roquefort-Sahne *(Foto S. 26/27)*

200 g Roquefort	zerbröckeln, mit
500 ml (1/2 l) Schlagsahne	zum Kochen bringen, mit
Salz frisch gemahlenem weißen Pfeffer	abschmecken, zu einer cremigen Sauce einkochen lassen
250 g Champignons	putzen, abspülen, trockentupfen, in dünne Scheiben schneiden
60 g Butter	zerlassen, die Pilze darin kurz andünsten, mit Salz, Pfeffer würzen, warm stellen
400 g dreifarbige Rigatoni-Nudeln	in
kochendes Salzwasser	geben, umrühren, zum Kochen bringen, in etwa 10 Minuten „al dente“ kochen, abtropfen lassen, zu den Champignons geben, die Roquefort-Sahne unterrühren, evtl. nochmals ganz kurz erhitzen, sofort servieren.

Bunte Tortellini

1 kleine Zwiebel oder Schalotte	abziehen, fein würfeln
100 g Champignons	putzen, waschen, in dünne Scheiben schneiden
2 enthäutete Fleischtomaten	halbieren, entkernen, die Stengelansätze herausschneiden, das Tomatenfleisch in Würfel schneiden
200 g gekochten Schinken	in kurze Streifen schneiden
50 g Butter	zerlassen, Zwiebelwürfel darin andünsten, zuerst Champignonscheiben, dann Tomatenwürfel und Schinkenstreifen dazugeben, kurz mitdünsten
400 ml Schlagsahne	hinzugießen, etwas einkochen lassen
2 Knoblauchzehen	abziehen, durchpressen, in die Sauce geben, mit
1 Prise Salz	

frisch gemahlenem weißen Pfeffer	
gerebeltem Oregano	würzen
400 g dreifarbige Tortellini	in
kochendes Wasser	geben, zum Kochen bringen, in etwa 15 Minuten gar kochen, gut abtropfen lassen, mit der Sauce vermengen, mit
frisch geriebenem Parmesan-Käse	bestreuen, sofort servieren.
Tip:	Die Tortellini reichlich mit Parmesan-Käse bestreuen und goldbraun überbacken servieren.

Makkaroni Mailänder Art

350 g Makkaroni	in
kochendes Salzwasser	geben, zum Kochen bringen, in etwa 10 Minuten „al dente“ kochen, abtropfen lassen, in
60 g Butter	schwenken, mit
Salz	
frisch gemahlenem weißen Pfeffer	
geriebener Muskatnuß	würzen
1 kleine Zwiebel	abziehen
100 g Champignons	putzen, waschen
80 g gekochten Schinken	
80 g Pökelzunge	
	die vier Zutaten in Streifen schneiden, mit den Makkaroni vermengen, in eine gefettete Auflaufform füllen
100 g Bel Paese (italienischer Weichkäse)	in Stückchen schneiden, darüber streuen die Form auf dem Rost in den vorgeheizten Backofen schieben
Strom:	Etwa 250
Gas:	Etwa 6
Backzeit:	Etwa 10 Minuten.

Grüne Nudel-Rouladen

	Für den Teig
100 g tiefgekühlten, gehackten Spinat	auftauen lassen, gut ausdrücken
300 g Weizenmehl	auf die Tischplatte sieben, in die Mitte eine Vertiefung eindrücken
3 Eier	
3 Eigelb	
1 Prise Salz	mit dem Spinat verrühren, in die Vertiefung geben, mit einem Teil des Mehls zu einem dicken Brei verarbeiten, von der Mitte aus alle Zutaten schnell zu einem glatten Teig verkneten den Teig ausrollen, in 4 Rechtecke von 15 x 12 cm schneiden, ruhen lassen
	für die Füllung
200 g gekochte Hähnchenbrust	in kleine Würfel schneiden
2 Fleischtomaten	halbieren, entkernen, in Würfel schneiden
300 g Pfifferlinge	putzen, abspülen, trockentupfen, evtl. halbieren
4 Eßl. Olivenöl	erhitzen, die drei Zutaten darin andünsten, mit
Salz	
Kräutern der Provence oder gehackter Petersilie	würzen die Nudel-Rechtecke in reichlich
kochendes Salzwasser	geben, in 5-8 Minuten gar kochen, herausnehmen, auf Küchentüchern ausbreiten, trockentupfen die Füllung darauf verteilen, die Rechtecke von der schmalen Seite beginnend zusammenrollen, die Enden gut festdrücken die Nudel-Rouladen in eine gefettete flache Auflaufform oder gußeiserne Form legen
200 g Butterkäse	reiben, darüber streuen die Form auf dem Rost in den vorgeheizten Backofen schieben, die Nudel-Rouladen goldbraun überbacken
Strom:	Etwa 250
Gas:	Etwa 6
Überbackzeit:	Etwa 15 Minuten.

Staudensellerie mit Rindermark

4 Staudensellerie (etwa 800 g)	putzen, harte Fäden an der Außenseite der Stengel abziehen, die Stengel waschen, evtl. längs halbieren, in
1 l kochende Fleischbrühe	geben, zum Kochen bringen, 8–10 Minuten kochen, abtropfen lassen, in eine gefettete Auflaufform geben, mit
Salz, Pfeffer	bestreuen
200 g Rindermark	abspülen, trockentupfen, in dünne Scheiben schneiden
400 g Brie	in Würfel schneiden den Staudensellerie zuerst mit den Markscheiben belegen, dann mit Briewürfeln bestreuen die Form auf dem Rost in den vorgeheizten Backofen schieben
Strom:	225–250
Gas:	5–6
Backzeit:	Etwa 15 Minuten.
Beigabe:	Frisches Stangenbrot, gekochter Schinken.

Gefüllte Schinken-Röllchen *(Foto)*

12 Stangen gekochter grüner Spargel	
4 große Scheiben gekochter Schinken	
	je drei Stangen Spargel in eine Schinkenscheibe wickeln, in eine gefettete Auflaufform legen
4 kleine Tomaten	waschen, abtrocknen, Stengelansätze herausschneiden, die Tomaten in Scheiben schneiden, auf die Schinkenröllchen legen
250 g Bonbel-Käse	in Würfel schneiden, über die Röllchen und die Tomatenscheiben geben, die Form auf dem Rost in den vorgeheizten Backofen schieben
Strom:	Etwa 225
Gas:	Etwa 5
Backzeit	Etwa 15 Minuten.

Überbackene Zucchini

2 große Zucchini	waschen, abtrocknen, der Länge nach halbieren, das Fruchtfleisch mit einem Löffel bis auf einen dünnen Rand herausschaben und fein würfeln die ausgehöhlten Zucchinihälften in
wenig kochendes Salzwasser	geben, zum Kochen bringen, in etwa 5 Minuten knapp gar dünsten, herausnehmen, gut abtropfen lassen
2 kleine Zwiebeln oder Schalotten	abziehen, fein würfeln
1 rote Paprikaschote	halbieren, entstielen, entkernen, die weißen Scheidewände entfernen, die Schote waschen, in Würfel schneiden
80 g schwarze Oliven	entkernen, grob hacken
2 Eßl. Butter	erhitzen, Zwiebel-, Paprika- und Zucchiniwürfel darin andünsten, die Oliven hinzufügen, mitdünsten lassen, mit
Salz frisch gemahlenem weißen Pfeffer	würzen
3 Eßl. gehackte Kräuter (Basilikum, Oregano, Rosmarin, Kerbel)	unterrühren die Gemüsemasse in die ausgehöhlten Zucchinihälften füllen, mit
200 g frisch geriebenem Parmesan-Käse	bestreuen, nach Belieben
Butterflöckchen	darauf setzen die Zucchini nebeneinander in eine längliche gefettete Auflaufform setzen, die Form auf dem Rost in den vorgeheizten Backofen schieben, die Zucchini goldbraun überbacken
Strom:	225–250
Gas:	5–6
Backzeit:	20–25 Minuten.
Beigabe:	Warmes Stangenweißbrot.

Schafskäse-Sauce mit Estragon

2 Schalotten	abziehen, fein würfeln
2 Eßl. Olivenöl	erhitzen, Zwiebeln darin dünsten, mit
125 ml (1/8 l) Weißwein	ablöschen
250 ml (1/4 l) Schlagsahne	
125 ml (1/8 l) Fleischbrühe	hinzugießen, zur Hälfte einkochen lassen, durch ein Sieb gießen
100 g Schafskäse	zerbröckeln
1/2 Bund Estragon	abspülen, trockentupfen, die Blättchen fein hacken beide Zutaten in die Sauce geben, die Sauce erhitzen, mit
Salz, Pfeffer	abschmecken.
Tip:	Die Sauce zu gebratener Lammkeule reichen.

Käse-Sauce mit Basilikum *(Foto)*

20 g Basilikumblättchen (von 2–3 Bund Basilikum)	abspülen, trockentupfen, grob hacken
4 Knoblauchzehen	abziehen, hacken
100 g alten Allgäuer Emmentaler	reiben, die drei Zutaten mit
1 Teel. Salz	
1/2 Teel. frisch gemahlenem schwarzen Pfeffer	
2 Eßl. Pinien- oder Walnußkernen	
125 ml (1/8 l) Olivenöl	im Mixer solange pürieren, bis eine dickflüssige Creme entsteht, evtl. mit etwas Wasser verdünnen.
Tip:	Die Sauce zu Nudeln reichen.

Käseschaum-Sauce

150 g Sahnequark	gut verrühren
125 ml (1/8 l) Schlagsahne	mit dem Schneebesen darunterschlagen
2–3 Bund (30 g) Kräuter (Kerbel, Kresse, glatte Petersilie, Estragon)	abspülen, trockentupfen, fein hacken, mit
50 g frisch geriebenem Parmesan-Käse	unter die Quark-Sahne rühren, mit
Salz	
Pfeffer	
Zitronensaft	
Worcestersauce	abschmecken.

Tomaten-Sauce mit Gorgonzola *(Foto)*

400 g Tomaten	kurze Zeit in kochendes Wasser legen (nicht kochen lassen), mit kaltem Wasser abschrecken, enthäuten, Stengelansätze herausschneiden, die Tomaten entkernen, kleinschneiden
2 Schalotten	abziehen, fein würfeln
4–5 Eßl. Olivenöl	erhitzen, die Zwiebelwürfel darin glasig dünsten, die Tomaten dazugeben, kurz durchdünsten lassen, mit
125 ml (1/8 l) trockenem Wermut	ablöschen
250 ml (1/4 l) Schlagsahne	hinzugießen, zum Kochen bringen, mit
Salz	
Pfeffer	würzen die Sauce durch ein Sieb streichen, wieder erhitzen
100 g Gorgonzola-Käse	darin schmelzen lassen die Tomaten-Sauce mit
Basilikumblättchen	garniert servieren.

Hüttenkäse-Dip *(im Foto oben)*

100 g Staudensellerie	schälen, waschen, in feine Würfel schneiden
1 Bund Schnittlauch	abspülen, trockentupfen, fein schneiden beide Zutaten mit
150 g Hüttenkäse	
75 g Joghurt	
2 Eßl. Sherry medium	verrühren den Dip mit
Salz	
frisch gemahlenem weißen Pfeffer	abschmecken, mit
feingeschnittenem Staudensellerie	
Schnittlauchröllchen	bestreut servieren.
Tip:	Zu Pellkartoffeln reichen.

Stilton-Dip *(im Foto unten)*

2–3 Frühlingszwiebeln	putzen, abziehen, waschen
1 Stengel Staudensellerie	putzen, waschen, harte Außenfäden abziehen beide Zutaten grob zerkleinern, pürieren, mit
3 Eßl. Portwein	
100 g Crème fraîche	
125 ml (1/8 l) Schlagsahne	verrühren
100 g Stilton-Käse	zerdrücken, unterrühren den Dip mit
Salz	
frisch gemahlenem weißen Pfeffer	abschmecken.
Tip:	Zu Blattsalaten und rohem Gemüse reichen.

Leicht gezaubert: Kleine Käse-Schlemmereien

Käse-Kartoffeln in Folie *(Foto S. 42/43)*

8 große Kartoffeln	waschen, evtl. bürsten, abtrocknen, ungeschält jeweils in ein genügend großes Stück Alufolie wickeln, auf dem Backblech in den vorgeheizten Backofen schieben
Strom:	Etwa 200
Gas:	Etwa 4
Backzeit:	1–1½ Stunden
	für die Käse-Creme
400 g Rahm-Frischkäse	mit
125 ml (⅛ l) Milch	verrühren
1 rote Paprikaschote	halbieren, entstielen, entkernen, die weißen Scheidewände entfernen, die Schote waschen
1 mittelgroße Zwiebel	abziehen
1 Gewürzgurke	
	die drei Zutaten in feine Würfel schneiden, mit
1 Eßl. eingelegtem grünen Pfeffer	
4 Eßl. gemischten, gehackten Kräutern	unter die Käse-Creme rühren, mit
Salz	abschmecken
	die garen Kartoffeln über Kreuz einschneiden, etwas auseinanderdrücken, etwas von der Käse-Creme hineingeben, restliche Creme dazureichen.

Fleischtomaten pikant gefüllt

	Für die Kräuter-Creme
250 g Frischkäse	mit
3 Eßl. Milch	cremig rühren, mit
Salz, Pfeffer	abschmecken
6 Eßl. gehackte Kräuter (Petersilie, Kerbel, Dill)	unterrühren

	für die Paprika-Creme
250 g Frischkäse	mit
4 Eßl. Milch	cremig rühren
1–2 Teel. Paprika edelsüß	unterrühren, mit
Salz	
frisch gemahlenem weißen Pfeffer	abschmecken
	für die Anchovis-Creme
etwa 50 g Anchovis (Sardellen, aus dem Glas)	abtropfen lassen, fein hacken, mit
250 g Frischkäse	verrühren, mit
frisch gemahlenem schwarzen Pfeffer	abschmecken
12 große Fleischtomaten	waschen, abtrocknen, das obere Drittel als Deckel abschneiden, die Tomaten aushöhlen jeweils vier Tomaten mit einer der Cremes füllen, auf einer mit
Salatblättern	belegten Platte anrichten.
Tip:	Vollkornbrot und Butter dazureichen.

Gefüllte Datteln

250 g Frischkäse	mit
125 ml ($^{1}/_{8}$ l) Schlagsahne	cremig rühren
4–5 Eßl. Mango-Chutney	
1 Teel. Currypulver	unterrühren
etwa 500 g Datteln (frisch oder getrocknet)	entsteinen, abspülen oder enthäuten, die Käse-Creme in einen Spritzbeutel mit feiner Stern- oder Lochtülle füllen, in die Datteln spritzen.
Tip:	Gefüllte Datteln als Garnitur für Braten und Reissalate beim kalten Büfett verwenden.

Omelettes mit Mozzarella *(2 Portionen)*

2 Tomaten	waschen, abtrocknen, die Stengelansätze herausschneiden, die Tomaten in dünne Scheiben schneiden
1 Knoblauchzehe	abziehen, durchpressen, über die Tomatenscheiben geben
150 g Mozzarella	abtropfen lassen, in Scheiben schneiden
	für die Omelettes
6 Eier	gut verschlagen, mit
Salz, Pfeffer	würzen
Butter	in einer Pfanne zerlassen, die Hälfte der Eiermasse hineingeben, bei schwacher Hitze stocken lassen
	das fertige Omelette auf einen vorgewärmten Teller geben, mit der Hälfte der Tomaten- und Mozzarella-Scheiben belegen, mit
gehackten Basilikumblättchen	bestreuen, warm stellen
	aus den restlichen Zutaten das zweite Omelette zubereiten, sofort servieren.
Tip:	Bratkartoffeln mit Zwiebeln dazureichen.

Käse-Waffeln

300 g Weizenmehl	in eine Schüssel sieben, in die Mitte eine Vertiefung eindrücken
8 Eßl. geriebenen Käse (alter Gouda)	
4 Eigelb	
Salz	
250 g saure Sahne	
Paprika edelsüß	hineingeben, von der Mitte aus die Zutaten zu einem glatten, dickflüssigen Teig verrühren
4 Eiweiß	steif schlagen, unter den Teig ziehen
	den Teig portionsweise in ein gut erhitztes, gefettetes Waffeleisen füllen, sofort verstreichen
	die Waffeln goldbraun backen, mit
frisch geriebenem Parmesan-Käse	bestreut servieren.
Tip:	Schichtkäse mit Preiselbeeren dazureichen.

Langostinos auf Blätterteig *(Foto)*

600 g tiefgekühlten Blätterteig	auftauen, ausrollen, in 18 Quadrate von etwa 8 x 8 cm, dann diagonal in Dreiecke schneiden
12-15 Champignons	putzen, abspülen, in Scheiben schneiden
20 gefüllte Oliven	in Scheiben schneiden
etwa 500 g tiefgekühlte Langostinos	auftauen lassen
etwa 180 g Schweizer Käse	raspeln, mit
Paprika edelsüß	vermengen
1 Ei, 3 Eßl. Milch	verschlagen, die Dreiecke damit bestreichen, mit je 3 Langostinos, 1 Champignon- und 3 Olivenscheiben belegen, mit etwas Käse bestreuen, auf ein kalt abgespültes Backblech legen, auf dem Rost in den vorgeheizten Backofen schieben
Strom:	Etwa 200, *Gas:* Etwa 4
Backzeit:	Etwa 10 Minuten
Kerbelblättchen	über das gare Gebäck streuen, sofort servieren.

Käse-Galetten

750 g Weizenmehl	in eine Schüssel sieben, in die Mitte eine Vertiefung eindrücken
250 ml (1/4 l) Schlagsahne	
1 Ei	hineingeben, mit einem Teil des Mehls zu einem dicken Brei verarbeiten
125 g frisch geriebenem Parmesan-Käse	
Paprika edelsüß	darüber streuen
250 g Butter	in Stückchen darauf geben, mit Mehl bedecken von der Mitte aus alle Zutaten schnell zu einem glatten Teig verkneten, den Teig etwa 1/2 cm dick ausrollen, mit einer runden Form (∅ 3–5 cm) Galetten ausstechen, auf ein gefettetes Backblech legen, in den vorgeheizten Backofen schieben die Galetten halbgar backen
Strom:	Etwa 175–200, *Gas:* Etwa 3–4
Backzeit:	Etwa 5–8 Minuten
	für die Füllung
350 g Brie	entrinden, den Käse durch ein Sieb streichen die Hälfte der Galetten mit dem Käse bestreichen, mit den restlichen Galetten bedecken
1/2 Eigelb	mit
1 Eßl. Milch	verschlagen, die Galetten damit bestreichen
frisch geriebenen Parmesan-Käse	darüber streuen die Käse-Galetten wieder in den Backofen schieben, nochmals 5–8 Minuten backen.

Lachs-Croissants *(Foto)*

1 Chicorée	putzen, waschen, in feine Streifen schneiden
4 Croissants	längs aufschneiden
120 g Pfefferkäse	zerdrücken, mit
4 Eßl. Crème fraîche	verrühren, die unteren Croissanthälften damit bestreichen, die Chicoréestreifen darauf verteilen

12 Scheiben Räucherlachs	zu Röllchen formen, jeweils drei Röllchen auf eine Croissanthälfte geben
2 Eßl. Crème fraîche	mit
Salz	
Pfeffer	würzen, mit
1 Eßl. gehacktem Dill	verrühren, als Tupfen auf den Lachs geben, die obere Croissanthälfte darauf geben.

Englischer Käse-Toast

150 g geriebenen Chester-Käse	mit
100 g Semmelmehl	mischen, mit
2 Eigelb	
100 g weicher Butter	
1 Teel. englischen Senf	
2 cl Portwein	verrühren, mit
Salz	
Cayennepfeffer	abschmecken
8 dünne Scheiben Weißbrot	toasten, die Käse-Masse darauf streichen die Toasts auf ein mit Alufolie belegtes Backblech setzen, auf dem Rost in den vorgeheizten Backofen schieben
Strom:	Zuerst etwa 175, dann etwa 250
Gas:	Zuerst etwa 3, dann etwa 6
Backzeit:	Zuerst 10 Minuten, dann 5–6 Minuten.
Tip:	Als Imbiß zum Bier reichen.

Warmes Käse-Brötchen *(Foto)*

50 g Butter	in einer Pfanne zerlassen
12 Nürnberger Bratwürstchen	darin von allen Seiten in etwa 5 Minuten goldbraun braten
4 Roggenbrötchen	aufschneiden, mit
80 g Kräuterbutter	bestreichen die Brötchen mit je drei Würstchen belegen
80 g geriebenen Hartkäse (Sbrinz, alter Gouda oder Parmesan)	mit
Paprika edelsüß	mischen, die Brötchen damit bestreuen, im vorgeheizten Backofen goldbraun überbacken
Strom:	Etwa 225
Gas:	Etwa 5
Überbackzeit:	Etwa 5 Minuten.

Sardinen-Baguette

1 kleinen Kopf Radicchio	putzen, die Blätter auseinanderpflücken, waschen, trockentupfen
1/2 Salatgurke	waschen, abtrocknen, in Scheiben schneiden
etwa 180 g Sardinen (aus der Dose)	abtropfen lassen
4 Baguette-Brötchen	aufschneiden, mit
Knoblauch-Butter	bestreichen, im vorgeheizten Backofen (Strom etwa 200, Gas etwa 4) 5–6 Minuten rösten, die Baguette-Brötchen zuerst mit Radicchioblättern, dann mit Gurkenscheiben, Sardinen und je zwei von
8 länglichen Scheiben jungem Gouda	belegen, die Baguettes zusammenklappen
gefüllte grüne Oliven Pfeffergürkchen	auf vier Partyspieße stecken, die Baguettes damit garnieren.

Roquefort-Apfel-Toast

4 mürbe Äpfel (Boskop)	schälen, das Kerngehäuse ausstechen, die Äpfel in dünne Ringe schneiden
etwa 200 g Roquefort	in dünne Scheiben schneiden
8 Scheiben Weißbrot	toasten, mit
Butter	bestreichen, zuerst mit den Apfelringen, dann mit den Roquefortscheiben belegen, mit
100 g frisch geriebenem Parmesan-Käse	bestreuen die Toasts im vorgeheizten Backofen goldgelb überbacken
Strom:	Etwa 200
Gas:	Etwa 4
Überbackzeit:	10–15 Minuten.

Avocado-Krabben-Toast *(Foto)*

1 reife Avocado	halbieren, den Kern herauslösen, die Avocado schälen, in Scheiben schneiden, mit
Zitronensaft	beträufeln
8 Scheiben Weißbrot	toasten, mit den Avocadoscheiben belegen
80 g geschälte Krabben oder Shrimps	mit Zitronensaft,
Salz	
schwarzem Pfeffer	
gehackten Thymianblättchen	würzen, mit
geschabtem Mönchskopf-Käse	auf den Toasts anrichten, mit
Weintrauben	
Radieschen	
Feldsalatblättchen	garniert servieren.

Bauernsalat mit Räucherkäse

2 Paprikaschoten	halbieren, entstielen, entkernen, die weißen Scheidewände entfernen, die Schoten waschen, in feine Streifen schneiden
2 Zwiebeln	abziehen, in dünne Scheiben schneiden
150 g Fleischwurst	enthäuten, in Streifen schneiden
400 g Räucherkäse	in Würfel schneiden
150 g Senfgurken	in Streifen schneiden
	für die Salat-Sauce
2 Knoblauchzehen	abziehen, zerdrücken, mit
10 Eßl. Olivenöl	
6 Eßl. Essig	
1 Eßl. mildem Senf	verrühren, mit
Salz, Pfeffer	
gerebeltem Oregano	abschmecken, mit den Salatzutaten vermengen den Salat etwa 1 Stunde durchziehen lassen.

Elsässer Käse-Salat *(Foto)*

2–3 Zwiebeln	
(etwa 100 g)	abziehen, halbieren
150 g Salatgurke	waschen
100 g Salami	enthäuten
100 g Gouda	
	die vier Zutaten in feine Streifen schneiden
	für die Salat-Sauce
4–5 Eßl.	
Olivenöl	mit
3 Eßl.	
Weißwein-Essig	verrühren
1 Knoblauchzehe	abziehen, zerdrücken, unterrühren, mit
Salz, Pfeffer	abschmecken, mit den Salatzutaten vermengen den Salat etwa 1 Stunde durchziehen lassen, auf
Salatblättern	anrichten, mit
Gurkenscheiben	
Zwiebelringen	
Kresseblättchen	garnieren.

Orientalischer Salat

100 g Couscous-Grieß	in
kochendes Wasser	geben, in etwa 2 Minuten gar ziehen, auf einem Sieb gut abtropfen, abkühlen lassen
500 g Grüne Bohnen	abfädeln, waschen, in Stücke schneiden, in
wenig kochendes Salzwasser	geben, zum Kochen bringen, in 12–15 Minuten knackig dünsten, abtropfen, abkühlen lassen
2 rote Paprikaschoten	halbieren, entstielen, entkernen, die weißen Scheidewände entfernen, die Schoten waschen
1 kleine Stange Porree	putzen, halbieren, gründlich waschen beide Zutaten in feine Streifen schneiden
1 Bund glatte Petersilie	abspülen, trockentupfen, fein hacken
3 Fleischtomaten	waschen, die Stengelansätze herausschneiden die Tomaten halbieren, entkernen, in Würfel schneiden
200 g Brie	in kleine Würfel schneiden
	für die Salat-Sauce
6 Eßl. Olivenöl	mit
3–4 Eßl. Essig	verrühren, mit
Salz, Pfeffer	würzen
2 Eßl. gehackte Minzeblättchen	unterrühren, mit den Salatzutaten vermengen den Salat etwas durchziehen lassen.
Tip:	Fladenbrot oder Lammkoteletts dazureichen.

Frühlings-Salat *(Foto)*

500 g junge Möhren	putzen, schrappen, waschen, in
wenig kochendes Salzwasser	geben, zum Kochen bringen, 5–8 Minuten dünsten, abtropfen, abkühlen lassen
1 Bund Radieschen	
250 g Champignons	
	beide Zutaten putzen, waschen
1 kg Pellkartoffeln	pellen

	die vier Zutaten in dünne Scheiben schneiden
1 Bund Schnittlauch	abspülen, trockentupfen, fein schneiden
2 Kästchen Kresse	abspülen, trockentupfen, die Blättchen abschneiden
500 g Kümmelkäse	in feine Streifen schneiden
	für die Salat-Sauce
6 Eßl. Olivenöl	mit
4 Eßl. Estragon-Essig	
1 Teel. mittelscharfem Senf	verrühren, mit
Salz	
frisch gemahlenem weißen Pfeffer	würzen, mit den Salatzutaten vermengen
	Salat etwas durchziehen lassen, auf
Salatblättern	anrichten, mit
Radieschen	
Kresseblättchen	garnieren.
Tip:	Knoblauch-Baguette dazureichen.

Salat Rachel

1 Staudensellerie	putzen, waschen, in feine Scheiben schneiden
200 g Artischockenherzen (aus der Dose)	abtropfen lassen, vierteln
500 g Pellkartoffeln	pellen, vierteln, in Scheiben schneiden
250 g Ziegenkäse	in Würfel schneiden
200 g gedünsteter Rosenkohl	
200 g gekochte Spargelspitzen	
	für die Salat-Sauce
100 g Mayonnaise	mit
4 Eßl. Weißwein	
1 Teel. Dijon-Senf	verrühren, mit
Essig	
Salz, Pfeffer	abschmecken
2 Eßl. gehackte Majoranblättchen	unterrühren, mit den Zutaten vermengen den Salat etwas durchziehen lassen.

Gefüllte Melone *(Foto)*

2 kleine Ogenmelonen	zick-zackförmig aufschneiden, entkernen, aus dem Fruchtfleisch Kugeln ausstechen
3 Kiwis	schälen, in Scheiben schneiden
150 g Walnußkerne	grob hacken
250 g Geheimrats-Käse	in Würfel schneiden, die Zutaten vermengen, mit
Kirschwasser	
Zitronensaft	
Orangensaft	abschmecken, etwas durchziehen lassen, in die ausgehöhlten Melonen füllen
8 Scheiben Rauchfleisch	zusammenrollen, auf den Salat geben, die Melonendeckel auf den Salat legen die Melone mit
Zitronenmelisse	garniert servieren.

Kräuterkäse-Kranz mit Pilz-Salat
(8 Portionen)

	Für den Kräuterkäse-Kranz
1 kg Frischkäse	mit
250 ml (1/4 l) Schlagsahne	
200 g flüssiger Butter	verrühren
1 Bund glatte Petersilie	
1 Bund Dill	
1 Bund Schnittlauch	
1 Bund Basilikum	
	die vier Kräuter abspülen, trockentupfen, fein hacken, unter die Käsecreme rühren, mit
Salz, Pfeffer	würzen
	eine Kranzform mit
Olivenöl	ausstreichen, die Käsecreme einfüllen, glattstreichen, etwa 1 Stunde in den Kühlschrank stellen
	für den Pilz-Salat
100 g Champignons	
100 g Pfifferlinge	
100 g Austernpilze	
100 g Steinpilze	
	die Pilze putzen, abspülen, trockentupfen, größere Pilze halbieren oder in Scheiben schneiden
3 Eßl. Nuß- oder Olivenöl	erhitzen, die Pilze darin 10 Minuten dünsten, etwas abkühlen lassen
4 Eßl. Nußöl	mit
4 Eßl. Estragon-Essig	
Salz, Pfeffer	verrühren, vorsichtig mit den Pilzen vermengen, etwas durchziehen lassen
	den Kräuterkäse-Kranz auf einen Teller stürzen, den Pilz-Salat in die Mitte füllen, mit
Basilikumblättchen	garniert servieren.

Obazter

1 mittelgroße Zwiebel	abziehen, fein würfeln
1 Bund Schnittlauch	abspülen, trockentupfen, fein schneiden
400 g reifer französischer Camembert	mit einer Gabel zerdrücken, Zwiebelwürfel, Schnittlauchröllchen,
75 g weiche Butter	
1 Teel. Kümmel	untermengen, mit
Rosenpaprika	abschmecken.
Tip:	Kräftiges Brot oder Kümmelstangen dazureichen.

Angemachter Liptauer Käse *(Foto)*

2 Eßl. Kapern	hacken
1 Gewürzgurke	in kleine Würfel schneiden
1 Zwiebel	abziehen, würfeln
1–2 Bund Petersilie	abspülen, trockentupfen, fein hacken
600 g Liptauer Käse	mit den vier Zutaten,
125 ml (1/8 l) Milch	verrühren, mit
Salz	
Pfeffer	
Paprika edelsüß	abschmecken
	den Liptauer Käse auf
Salatblättern	
Gurkenscheiben	anrichten, mit
Kapern	
gehackten Gewürzgurken	bestreuen, mit
Tomatenachteln	
Petersilie	
eingelegten Pfefferschoten	garnieren.
Tip:	Kümmel- oder Sesambrot dazureichen.

Eingelegte Käse-Kugeln

	Mit einem Kartoffelausstecher aus
200 g Edamer	
200 g Gouda	kleine Kugeln ausstechen
100 g kleine Champignons	putzen, abspülen, trockentupfen die drei Zutaten mit
100 g gedünsteten Broccoliröschen	
80 g Möhrenscheiben	in ein großes Glas schichten
500 ml (1/2 l) Weißwein	mit
250 ml (1/4 l) Olivenöl	
2 Eßl. schwarzen Pfefferkörnern	
2 Lorbeerblättern	verrühren, über Käse und Gemüse gießen, das Glas fest verschließen, die Zutaten etwa 24 Stunden im Kühlschrank durchziehen lassen.

Marinierter Ziegenkäse *(Foto)*

250 ml (1/4 l) Olivenöl	mit
200 ml (1/5 l) Weißwein	verrühren
10 Champignons	putzen, abspülen, trockentupfen
3 Knoblauchzehen	abziehen, evtl. halbieren
2 kleine Rosmarinzweige	abspülen, trockentupfen
1 rote Pfefferschote	entkernen, in Ringe schneiden
10 grüne Oliven	
4 kleine Ziegenkäse	
	die sechs Zutaten in Gläser geben, mit der Öl-Wein-Mischung übergießen, gut verschlossen etwa 24 Stunden durchziehen lassen.

Mit Käse raffiniert vollendet: Hauptmahlzeiten

Überbackener Stangenspargel *(Foto S. 66/67)*

2 kg Spargel	von oben nach unten schälen, die Enden abschneiden, den Spargel waschen, mit Küchengarn zu vier Portionen zusammenbinden, in
2 l kochendes Salzwasser	geben
2 Eßl. Butter	
1 Prise Zucker	dazugeben, den Spargel zum Kochen bringen, in 15–20 Minuten gar kochen, abtropfen lassen, vom Küchengarn befreien und auf eine gefettete, feuerfeste Platte geben
4 große enthäutete Fleischtomaten	halbieren, entkernen, die Tomaten in Würfel schneiden
4 Schalotten	abziehen, fein würfeln
50 g Butter	zerlassen, die Schalottenwürfel darin andünsten, die Tomatenwürfel,
3 Eßl. feingehackte Basilikumblättchen	hinzufügen, kurz mitdünsten, mit
frisch gemahlenem weißen Pfeffer	würzen, auf den Spargel geben
160 g Bavaria Blue	reiben, mit
40 g Crème fraîche	verrühren, über die Tomaten verteilen die Platte unter den vorgeheizten Grill schieben, etwa 5 Minuten übergrillen.
Tip:	Neue Kartoffeln dazureichen.

Gratiniertes Kalbskotelett

200 g Pellkartoffeln	pellen, reiben, mit
200 g geriebenem Allgäuer Emmentaler	
1 Eigelb	verrühren
1 Bund Schnittlauch	

1 Bund Kerbel	
	die Kräuter abspülen, trockentupfen, fein hacken, unter die Kartoffel-Käse-Masse rühren, mit
Salz	
frisch gemahlenem	
weißen Pfeffer	würzen
4 Kalbskoteletts	
(je 200 g)	abspülen, trockentupfen
100 ml (1/10 l)	
Olivenöl	erhitzen, die Kalbskoteletts darin von beiden Seiten kurz anbraten, mit Salz, Pfeffer würzen, auf ein gefettetes Backblech legen die Kartoffel-Käse-Masse gleichmäßig auf die Koteletts streichen das Blech in den vorgeheizten Backofen schieben, die Koteletts goldbraun überbacken
Strom:	150–175
Gas:	2–3
Überbackzeit:	Etwa 25 Minuten.
Tip:	Grüne Bohnen mit Kräuterbutter dazureichen.

Hechtschnitte in Käsehülle

600 g Hechtfilets	abspülen, trockentupfen, mit
Zitronensaft	
Worcestersauce	beträufeln, mit
Salz	
frisch gemahlenem	
weißen Pfeffer	bestreuen, etwas ziehen lassen
150 g	
Allgäuer	
Emmentaler	fein reiben
3 Eier	verrühren, den Käse darunterschlagen die Hechtfilets trockentupfen, zuerst in
Weizenmehl	dann in dem Eier-Käse-Gemisch wenden, in
100 g zerlassener	
Butter	von beiden Seiten in etwa 5 Minuten goldbraun braten, sofort servieren.
Tip:	Gemüse-Reis und Tomaten-Sauce dazureichen.

Kalbsmedaillons in Gorgonzola

Etwa 320 g	
Gorgonzola	zerbröckeln, mit
500 ml (1/2 l)	
Schlagsahne	zum Kochen bringen, zu einer cremigen Sauce einkochen lassen, mit etwas
Salz	
weißem Pfeffer	abschmecken, warm stellen
800 g Kalbsfilet	evtl. von Haut und Sehnen befreien, abspülen, trockentupfen, in 2–3 cm dicke Scheiben schneiden, mit Salz, Pfeffer,
gehackten Oregano- oder	
Majoranblättchen	bestreuen
Butterschmalz	erhitzen, die Kalbsmedaillons darin von beiden Seiten etwa 10 Minuten braten, auf vorgewärmten Tellern anrichten, mit der Gorgonzola-Sauce überziehen, sofort servieren.
Tip:	Butterreis und Stangenspargel dazureichen.

Filetscheiben in Parmesan *(Foto)*

Etwa 800 g	
Schweinefilet	evtl. von Fett und Sehnen befreien, abspülen, trockentupfen, in 1 1/2–2 cm dicke Scheiben schneiden, etwas flachklopfen, mit
Salz	
weißem Pfeffer	bestreuen
2 Eier	mit
50 g frisch	
geriebenem	
Parmesan-Käse	verschlagen
	die Fleischscheiben zuerst in wenig
Weizenmehl	dann in dem Eier-Parmesan-Gemisch wenden
100 g Butter	in einer beschichteten Pfanne zerlassen, die Filetscheiben darin von beiden Seiten in 6-8 Minuten goldgelb braten.
Tip:	Auf grünen Bandnudeln mit Shrimps garniert servieren.

Lammkoteletts mit Ziegenkäse

4 Lammkoteletts (je etwa 150 g)	abspülen, trockentupfen, die Fettränder etwas einschneiden, die Koteletts mit
Pfeffer	einreiben
4 Schalotten	abziehen, würfeln
100 g Butter	zerlassen, Koteletts darin anbraten, Schalottenwürfel hinzufügen, das Fleisch in etwa 5 Minuten gar braten, warm stellen
150 g Ziegenkäse	würfeln, im Bratfond etwas auflösen, mit
3 Eßl. Weißwein	ablöschen
125 ml (1/8 l) Schlagsahne	hinzugießen, cremig einkochen lassen die Sauce mit Pfeffer, etwas
Salz	abschmecken
3–4 Eßl. gehackten Estragon	unterrühren, zu den Lammkoteletts reichen.
Tip:	Blattspinat und Röstkartoffeln oder Artischockenherzen, schwarze Oliven und Fladenbrot dazureichen.

Lammfilet auf Käse-Kartoffeln *(Foto)*

	Für die Käse-Kartoffeln
1 Gemüsezwiebel	abziehen, würfeln
500 ml (1/2 l) Schlagsahne	zum Kochen bringen, die Zwiebelwürfel darin gar dünsten, mit
Salz, Pfeffer	würzen
1 1/2 kg Pellkartoffeln	pellen, in Scheiben schneiden, in eine gefettete Auflaufform schichten, mit den Sahne-Zwiebeln übergießen
150 g Gruyère-Käse	reiben, darüber streuen, die Form auf dem Rost in den vorgeheizten Backofen schieben, die Käse-Kartoffeln goldbraun überbacken
Strom:	Etwa 225
Gas:	Etwa 4
Überbackzeit:	30–35 Minuten

	für das Filet
600 g Lammfilet	evtl. von Haut und Sehnen befreien, abspülen, trockentupfen, mit Salz, Pfeffer,
gehackten Majoranblättchen	
gehackten Thymianblättchen	bestreuen
Butterschmalz	zerlassen, die Filets darin von allen Seiten in 5–8 Minuten braun braten, auf den Käse-Kartoffeln anrichten.

Makrelenfilets überbacken

Etwa 500 g Spinat	verlesen, waschen, blanchieren
8 Makrelenfilets	abspülen, trockentupfen, mit
Zitronensaft	
Worcestersauce	beträufeln, mit
Salz, Pfeffer	würzen, etwas ziehen lassen, trockentupfen
2 Schalotten	abziehen, fein würfeln
100 g durchwachsenen Speck	in feine Würfel schneiden
80 g Butter	zerlassen, die Fischfilets darin von beiden Seiten etwa 5 Minuten braten, warm stellen Schalotten und Speck im Bratfett andünsten
50 g Butter	zerlassen, den Spinat darin kurz erhitzen, mit Salz, Pfeffer,
Muskatnuß	abschmecken, auf vier feuerfesten Tellern anrichten, je 2 Filets darauflegen, Speck und Schalotten darüber verteilen
200 g Blauschimmel-Käse	in Scheiben schneiden, darauf geben, unter dem Grill 5–8 Minuten überbacken.

Roquefort-gefüllte Poulardenbrust *(Foto)*

4 ausgelöste, enthäutete Poulardenbrüste	abspülen, trockentupfen das Fleisch etwas flach klopfen, mit
Salz	
Pfeffer	bestreuen
120 g Roquefort	zerdrücken, mit
40 g weicher Butter	
8 cl Armagnac	verkneten, auf das Fleisch geben, die Polardenbrüste zusammenklappen, gut festdrücken die gefüllten Poulardenbrüste zuerst in etwas
Weizenmehl	dann in
1 verschlagenem Ei	zuletzt in
Semmelmehl	wenden, die Panade gut festdrücken
Fritierfett	in einer Friteuse auf 160 Grad erhitzen, die Poulardenbrüste darin in etwa 10 Minuten goldbraun ausbacken.

Auberginen-Auflauf

2 kg Auberginen	waschen, abtrocknen, die Stengelansätze abschneiden, die Auberginen in Scheiben schneiden
	etwas von
300 ml Olivenöl	erhitzen, die Auberginenscheiben portionsweise darin anbraten, dabei jeweils wieder etwas Olivenöl hinzugießen, die gebratenen Auberginen auf Küchenkrepp abtropfen lassen
2 Zwiebeln	abziehen, würfeln, im restlichen Öl andünsten
1 kg gehacktes Lammfleisch	unter Rühren darin anbraten
2–3 Eßl. gehackte Thymianblättchen	
1 Teel. zerdrückte Wacholderbeeren	unterrühren, mit
75 ml Weißwein	ablöschen
400 g enthäutete Tomaten	halbieren, entkernen, würfeln, zu dem Hack geben, mitschmoren, mit
Salz	abschmecken
	eine gefettete flache Auflaufform mit Auberginenscheiben auslegen, mit etwas Hackfleischmasse bedecken, mit etwas von
150 g geriebenem Emmentaler	bestreuen
	die Zutaten weiter einschichten, die letzte Schicht soll aus Käse bestehen
4 Eier	mit
125 ml (1/8 l) Schlagsahne	
125 ml (1/8 l) Milch	verschlagen, über den Auflauf gießen, die Form auf dem Rost in den vorgeheizten Backofen schieben
Strom:	Zuerst etwa 225, dann 150
Gas:	Zuerst etwa 5, dann 2
Backzeit:	Zuerst etwa 15 Minuten, dann 45 Minuten nach 15 Minuten den Auflauf mit Alufolie bedecken, kurz vor Ende der Garzeit entfernen, den Auflauf goldgelb überbacken.

Kürbis-Auflauf mit Schafskäse

750 g Kürbis-fleisch	schälen, die Kerne auskratzen
500 g Kartoffeln	schälen, waschen
	beide Zutaten in Scheiben schneiden, mit etwas
Salz	bestreuen, zugedeckt stehen lassen
500 g gehacktes Lammfleisch	mit Salz,
Pfeffer	würzen
1 Knoblauchzehe	abziehen, zerdrücken, unter das Hack kneten
4–5 Eßl. Sonnenblumenöl	erhitzen, das Hackfleisch darin unter Rühren anbraten
2 Zwiebeln	abziehen, würfeln, zu dem Hack geben, mitschmoren lassen
	Kürbis- und Kartoffelscheiben in
Weizenmehl	wenden
Sonnenblumenöl	erhitzen, die beiden Zutaten portionsweise darin schnell von beiden Seiten braun anbraten
400 g Schafskäse	grob zerkrümeln
	eine gefettete Auflaufform mit der Hälfte der Kartoffel- und Kürbisscheiben auslegen, die Hackfleischmasse daraufgeben, die Hälfte des Käses darüber verteilen, mit den restlichen Kartoffeln und Kürbis bedecken, den restlichen Käse darüber streuen
2 Eier	mit
125 ml (1/8 l) Schlagsahne	verschlagen, mit Salz, Pfeffer,
geriebener Muskatnuß	würzen
1 Bund glatte Petersilie	abspülen, trockentupfen, fein hacken, unterrühren, die Masse über den Auflauf gießen, die Form auf dem Rost in den vorgeheizten Backofen schieben
Strom:	Etwa 225
Gas:	Etwa 5
Backzeit:	Etwa 40 Minuten.

Käse-Pfannkuchen Maryland

300 g Weizenmehl	in eine Schüssel sieben, in die Mitte eine Vertiefung eindrücken
4 Eier, Salz	mit
225 ml Milch	
weißem Pfeffer	
80 g geriebenem	
Stilton-Käse	verschlagen, etwas davon in die Vertiefung geben, von der Mitte aus alles zu einem glatten Pfannkuchenteig verrühren
500 g Mais	
(aus der Dose)	abtropfen lassen, unterrühren
Butter	zerlassen, eine dünne Teiglage hineingeben, von beiden Seiten goldbraun braten aus dem restlichen Teig weitere kleine Pfannkuchen backen.

Kartoffel-Käse-Ragout *(Foto)*

8 große Kartoffeln	schälen, waschen, in Würfel schneiden
1/2 Salatgurke	
3 Fleischtomaten	
	beide Zutaten waschen, halbieren, entkernen, in große Würfel schneiden
1 Gemüsezwiebel	abziehen, würfeln
50 g Butter	in einer flachen Auflaufform zerlassen, Zwiebelwürfel darin andünsten, zuerst Kartoffel-, dann Gurken- und Tomatenwürfel hinzufügen, knackig gar dünsten, Flüssigkeit etwas einkochen das Ragout mit
Salz, Pfeffer	würzen
gehackten Majoran	
gehackte Petersilie	unterrühren
320 g	
Tilsiter Käse	reiben, darüber streuen, die Form auf dem Rost in den vorgeheizten Backofen schieben, das Ragout goldbraun überbacken
Strom:	Etwa 225
Gas:	Etwa 5
Überbackzeit:	Etwa 15 Minuten.

Käse-Semmel-Auflauf mit Speck

10 altbackene Brötchen	in kleine Stücke schneiden
400 g Bergader-Käse	in Würfel schneiden
1 Bund Petersilie	abspülen, trockentupfen, fein hacken
3 Zwiebeln	abziehen, würfeln
100 g durchwachsenen Speck	in Würfel schneiden
2 Eßl. Butter	zerlassen, Zwiebeln, Speck darin andünsten, Petersilie, Brötchen und Käse untermengen
2 Eier	mit
500 ml (1/2 l) Schlagsahne	verschlagen, mit
Salz, Pfeffer geriebener Muskatnuß	würzen, unter die Brot-Masse mengen, in eine gefettete Auflaufform füllen, goldgelb backen
Strom:	Etwa 200, *Gas:* Etwa 4
Backzeit:	Etwa 30 Minuten.

Kartoffel-Käse-Auflauf *(Foto)*

750 g Pellkartoffeln	pellen, in Scheiben schneiden
300 g Zucchini	waschen, in Scheiben schneiden
200 g Allgäuer Emmentaler	reiben
	Kartoffel- und Zucchinischeiben in eine gefettete Auflaufform schichten, dabei jede Lage mit etwas Käse bestreuen und mit
Salz, Pfeffer	würzen
1 Zwiebel	abziehen, fein würfeln
2 Eßl. Butter	zerlassen, die Zwiebel darin andünsten
375 ml (3/8 l) Milch	mit
1 Ei	verschlagen, die Zwiebelwürfel unterrühren die Mischung über Kartoffeln und Zucchini gießen, den restlichen Käse darüber streuen
Strom:	Etwa 200, *Gas:* Etwa 4
Backzeit:	Etwa 45 Minuten.

Pizza mit Kalbsbries und Steinpilzen

	Für den Teig
250 g Weizenmehl	in eine Schüssel sieben, mit
Salz	mischen, in die Mitte eine Vertiefung eindrücken
20 g Frisch-Hefe	hineinbröckeln
125 ml (1/8 l) lauwarmes Wasser	
1/2 Teel. Olivenöl	darüber geben, die Hefe darin auflösen, mit Mehl bedecken diesen „Vorteig" etwa 10 Minuten an einem warmen Ort gehen lassen danach die Zutaten von der Mitte aus mit den Händen zu einem lockeren, glatten Teig verkneten, zu einer Kugel formen, über Kreuz einschneiden, mit etwas
Weizenmehl	bestäuben, zugedeckt etwa 1 Stunde an einem warmen Ort gehen lassen
	für den Belag
1 kg Kalbsbries	mehrere Stunden in kaltes Wasser geben, in
Salzwasser	zum Kochen bringen, 3 Minuten schwach kochen, dann in kaltes Wasser geben, abtrocknen, die Haut abziehen, das Bries in nußgroße Teile zerlegen, diese in Scheiben schneiden
4-5 Eßl. Olivenöl	erhitzen, die Briesscheiben mit
2 Eßl. gehackter Petersilie	darin anbraten
2 Auberginen	waschen, abtrocknen, Stengelansätze entfernen, die Auberginen in Scheiben schneiden
100 g Butter	zerlassen, die Auberginenscheiben darin anbraten
400 g Steinpilze	putzen, abspülen, trockentupfen, in Scheiben schneiden
50 g Butter	zerlassen, die Pilze darin anbraten
800 g enthäutete Tomaten	halbieren, in Würfel schneiden den Pizzateig zu einer runden Platte von etwa 28 cm Durchmesser ausrollen, auf ein mit wenig
Olivenöl	bestrichenes Back- oder Pizzablech legen,

	den Teig mit etwas Olivenöl bestreichen, zuerst mit den Tomatenwürfeln belegen, dann Auberginen, Pilze und Bries darauf anrichten
400 g Mozzarella-Käse	abtropfen lassen, in kleine Würfel schneiden, über den Pizza-Belag streuen die Pizza in den vorgeheizten Backofen schieben
Strom:	Etwa 225, *Gas:* Etwa 5
Backzeit:	Etwa 20 Minuten.

Pizza mit Lotte und Staudensellerie

	Für den Teig
250 g Weizenmehl	in eine Schüssel sieben, mit
Salz	mischen, in die Mitte eine Vertiefung eindrücken
20 g Frisch-Hefe	hineinbröckeln
125 ml (1/8 l) lauwarmes Wasser	
1/2 Teel. Olivenöl	darüber geben, die Hefe darin auflösen, mit Mehl bedecken diesen „Vorteig“ etwa 10 Minuten an einem warmen Ort gehen lassen danach die Zutaten von der Mitte aus mit den Händen zu einem lockeren, glatten Teig verkneten, zu einer Kugel formen, über Kreuz einschneiden, mit etwas
Weizenmehl	bestäuben, zugedeckt etwa 1 Stunde an einem warmen Ort gehen lassen *für den Belag*
400 g Lotte-Filet	abspülen, trockentupfen, in etwa 1 cm große Stücke schneiden
200 g Tomaten	halbieren, entkernen, in Würfel schneiden
200 g Staudensellerie	putzen, harte Fäden abziehen, die Stengel waschen, in dünne Scheiben schneiden
4 kleine Schalotten	abziehen, fein würfeln
4 Eßl. Olivenöl	erhitzen, die Schalottenwürfel darin andünsten, den Staudensellerie hinzufügen, mitdünsten, zuerst die Fischstückchen, dann die Tomatenwürfel dazugeben, ebenfalls mitdünsten, mit
Salz, Pfeffer	würzen
1 Knoblauchzehe	abziehen, fein würfeln
5 Basilikumblättchen	abspülen, fein hacken beide Zutaten zu Fisch und Gemüse geben den Pizzateig zu einer runden Platte von etwa 28 cm Durchmesser ausrollen, auf ein mit wenig

Olivenöl	bestrichenes Back- oder Pizzablech legen, den Teig mit etwas Olivenöl bestreichen, den Belag gleichmäßig darauf verteilen
400 g Mozzarella-Käse	abtropfen lassen, in kleine Würfel schneiden, über den Pizza-Belag streuen die Pizza in den vorgeheizten Backofen schieben
Strom:	Etwa 225, *Gas:* Etwa 5
Backzeit:	Etwa 20 Minuten.

Drei-Pilze-Pizza

	Für den Teig
250 g Weizenmehl	in eine Schüssel sieben, mit
Salz	mischen, eine Vertiefung eindrücken
20 g Frisch-Hefe	hineinbröckeln
125 ml (1/8 l) lauwarmes Wasser	
1/2 Teel. Olivenöl	darüber geben, die Hefe darin auflösen, mit Mehl bedecken, diesen „Vorteig“ etwa 10 Minuten an einem warmen Ort gehen lassen danach die Zutaten von der Mitte aus mit den Händen zu einem lockeren, glatten Teig verkneten, zu einer Kugel formen, über Kreuz einschneiden, mit etwas
Weizenmehl	bestäuben, zugedeckt etwa 1 Stunde an einem warmen Ort gehen lassen
	für den Belag
je 200 g Pfifferlinge Steinpilze und Champignons	putzen, waschen, kleinschneiden
4 Schalotten	abziehen, fein würfeln
100 g Butter	zerlassen, Zwiebelwürfel darin andünsten, Pilze hinzufügen, mitdünsten lassen
1 Knoblauchzehe	abziehen, zerdrücken, mit
3 Eßl. feingeschnittenem Schnittlauch 3 Eßl. gehackter Petersilie	zu den Pilzen geben, mit
Salz, Pfeffer	würzen den Pizzateig zu einer runden Platte von etwa 28 cm Durchmesser ausrollen, auf ein mit wenig
Olivenöl	bestrichenes Back- oder Pizzablech legen, den Belag gleichmäßig darauf verteilen
400 g geriebenen Gruyèrekäse	darüber streuen, die Pizza in den vorgeheizten Backofen schieben
Strom:	Etwa 225, *Gas:* Etwa 5
Backzeit:	Etwa 20 Minuten.

Mascarpone-Heidelbeer-Torte *(Foto)*

500 g Mascarpone	mit
80 g Zucker	
Saft 1 Zitrone	zu einer glatten Creme rühren
500 g Heidelbeeren	verlesen, waschen, gut abtropfen lassen die Mascarpone-Masse auf
2 kleine oder 1 großen Biskuit-Obsttortenboden (fertig gekauft)	streichen, die Heidelbeeren gleichmäßig darüber verteilen
3–4 Eßl. Hagelzucker	darüber streuen.
Tip:	Etwas Marzipan-Rohmasse mit Puderzucker und einigen Tropfen grüner Lebensmittelfarbe verkneten, dünn ausrollen, kleine Blättchen ausschneiden und mit einem Holzspießchen die Blattadern einritzen, die Torte damit verzieren.

Käse-Orangen-Torte

	Für den Teig
1 Packung (175 g) Löffelbiskuits	in eine Plastiktüte geben, die Tüte verschließen, die Löffelbiskuits mit einem Teigroller zerdrücken, dann mit
125 g weicher Butter	verkneten
	einen Springformring (Durchmesser 24 cm) auf eine Tortenplatte setzen, die Biskuitmasse hineingeben, etwas festdrücken
	für den Belag
200 g Doppelrahm-Frischkäse	mit
50–75 g Zucker	
1 Päckchen Vanillin-Zucker	
3 Eßl. Zitronensaft	verrühren
250 ml ($^{1}/_{4}$ l) Schlagsahne	steif schlagen, unter die Käsemasse heben
1 Orange	schälen, filetieren, kleinschneiden, ebenfalls unter die Käsemasse heben
	die Masse auf dem Biskuitboden verteilen, glattstreichen, zugedeckt etwa 2–3 Stunden kühl stellen, den Springformring entfernen
2–3 Orangen	schälen, filetieren, auf der Tortenoberfläche verteilen
125 ml ($^{1}/_{8}$ l) Schlagsahne	mit
etwas Zucker	süßen, die Sahne steif schlagen, in einen Spritzbeutel mit Sterntülle füllen, die Tortenoberfläche damit verzieren
gebräunte Mandelblättchen	an den Tortenrand drücken und in die Sahne-Tuffs als Verzierung stecken.
Tip:	Die Käse-Orangen-Torte gut gekühlt servieren.

Rezeptverzeichnis nach Kapiteln

Seite

Suppen und Vorspeisen

Gemüse, Pasta & Saucen

Kleine Käse-Schlemmereien

Hauptmahlzeiten

Rezeptverzeichnis, alphabetisch

Seite

Inhalt